우체통은

왜 늘 빨갛게 상기되어 있을까

박효석 19시집

우체통은
왜 늘 빨갛게 상기되어 있을까

그림과책

■ 시인의 말

詩集을 낼 때마다 나의 詩가 변형되고 있는가에 대한 물음을 하게 되는 것은 나의 詩가 얼마나 많은 사람들에게 위안과 감동을 줄 수 있을 것인가에 대한 생각을 하지 않을 수 없기 때문일 것이다.

그럴 때마다 제일 먼저 아내의 반응을 보는 것은 아낸 나의 詩의 가장 열렬한 팬일 뿐만 아니라 詩集을 내는 데 있어서 컴퓨터 작업은 물론 교정까지 도맡아 해주고 있기 때문이다.

이번 詩集에 대해 아내의 반응이 너무 긍정적이라 안심이 된다. 동화작가인 아내가 좋아할 수 있는 詩라면 일차적인 관문은 통과한 것 같은 생각이 들기 때문이다.

나는 좋은 詩의 정의를 詩的 發想 및 詩的 思惟의 확장, 그리고 감동이 수반돼야만 좋은 詩라고 보기 때문에 항상 이 세 가지 요소를 염두에 두고 시 창작에 몰입하고 있다. 만약 이 세 가지 요소 중 하나라도 부족하다면 그건 좋은 詩라고 할 수 없기 때문이다.

요즘 詩壇에선 자기만이 아는 요설 같은 詩나 시인들끼리나 통하는 詩를 좋은 詩로 추켜세우는 풍토가 다반사인데 이것은 감동이라는 요소를 소홀히 하는 데서 기인하고 있지 않나 생각된다.

누구한테나 위안과 감동의 미소를 머금게 하는 詩야말로 이 세상에서 절대적으로 필요로 하는 詩가 아닌가 생각한다.

이 詩集이 조금이나마 세상의 위안과 감동이 되었으면 하는 바람이다.

2017년 목련꽃 핀 봄날에

박 효 석

차 례

시인의 말 3

나는 왜 문학을 하는가 110

1부

어머니는 12

물결 13

무덤 같은 휴식 14

뼈의 말씀〈2〉 16

사랑의 맛집 17

진국 18

2만 원 19

물컹해진 단감 20

장례식장에서 21

어머니 생전처럼 22

서원 23

장맛 24

12시 26

제주도에 간 아내에게 28

화창한 날 30

天緣의 사랑 31

별미 32

2부

우체통 34

사랑을 하는 것이 36

한 별 38

우리가 사는 세상 39

선택 40

충치를 빼며 41

새벽 42

나비와 꽃들 43

늙어간다는 것은 44

꽃샘바람 45

봄소식 46

흐린 날 47

황태처럼 48

종착역 49

새 희망 50

생각 51

사막 52

3부

노을〈11〉 54
노을〈12〉 55
노을〈13〉 56
노을〈14〉 57
노을〈15〉 58
노을〈16〉 59
노을〈17〉 60
노을〈18〉 61
노을〈19〉 62
노을〈20〉 63
노을〈21〉 64
어둠 속에서 65
공원〈1〉 66
공원〈2〉 67
비 68
달무리 69
해돋이 70

4부

경찰 시인 이상률 72
경찰 시인 정재일 73
계급사회 74
시간의 짐 75
그 이름 76
복된 시간 77
詩 한 편 78
숙명 79
연 80
퇴직 82
빨간 우체통 83
위안부 소녀상 84
지나간 시간들에 대하여 86
해방 87
폭염특보 88
말 빨 89
사랑을 하려거든 90

5부

김치찌개를 끓이며 92
절실한 날의 회상 93
정상 94
결박된 시간 95
금이빨 96
달빛을 이불 삼아 97
임 생각 98
한가위 날 99
飛翔 100
당신은 염소? 101
뜨개질을 하고 있는 여자 102
보름달 눈빛 103
하루일과 104
극치 105
풀잎 106
따뜻한 난로 107
해부 108
배웅 109

1부

어머니는

어머니는
아주 오래된 한옥

낡고 헐은 구옥처럼
몸 성치 않은 곳
한 군데도 없으신 어머니시지만

가족들이 낳고 자란 터전을
힘자라는 데까지
떠받들고 있는 대들보 같은
어머니는

항시 잘 익은 간장, 된장, 고추장처럼
사랑을 잘 익혀놓고
언제나 가족들이 필요할 때면
퍼 갈대로 퍼 가
맛있게 먹고 행복하게 살기를
늘 기도하시는 어머니는

우리 가족이 지켜야 할 가보

물결

물결이 이는 걸 보니
호수가 슬슬 몸을 풀고 있나 보다

푸른 나무와 숲이 호수에 들어와
잠을 청하고
푸른 하늘이 들어와
잔잔하기 그지없는 맑은 호수가 된다 한들
고요에 갇혀있다 보니
너무나 적막한가 보다

물새처럼 호수 위를 차고 나는
비상을 꿈꾸는지
물결이 잔잔히 이는 호수를 보니
호수가 슬슬
적막을 풀고 있나 보다

무덤 같은 휴식

아침 먹기 무섭게
식구들은 하나둘 무덤 밖으로 걸어나가고
텅 빈 무덤 속을 혼자 어슬렁 걸어 다니고 있다

내 구역 무덤은 431개

길 건너엔 200개의 무덤이 있고
그 위편으로 몇백 개인지 모르는
무덤들이 보이는데

눈을 들어 사방을 둘러보다 보면
어찌 그리 많은 무덤들이 보이는지
지금쯤 나처럼 무덤 속을 어슬렁 걸어 다니는 사람들도 있을 것이고
고요만이 먼지처럼 쌓이고 있는
텅 빈 무덤도 상당히 많을 것이다

어둠이 내리기 전 공동운명체의 가족들은
무덤인 줄 모르고 하나둘 무덤 속을 찾아올 것이고
이내 어둠 속에 갇혀

무덤 속에서 찰나를 영원으로 착각하며 잠이 들 것이다

마치 치열했던 삶과의 전투를 휴전하고
무덤 같은 휴식에 빠져들 듯이

뼈의 말씀〈2〉

세월이 흐를수록
내 몸은 점점 미라가 되어 가는데

그동안 그대에게 속삭이던 미사여구나
달콤했던 사랑의 고백들은
살이 빠질 대로 다 빠져 버려
그대에게 마치 고백성사하듯
뼈로 다 드러나고 있지만

미라가 되어갈수록
수식어 없이 뼈로 하는 말씀들은
그대 골수를 전율하듯
그대를 눈물 나게 감동시키는 유언 같네

사랑의 맛집

365일 불씨가 꺼지지 않는
동대문 상가 골목 생선구이 가게들처럼
내 마음의 사랑의 불씨도
사랑하는 아내를 위해
한시도 꺼지지 않길

늘 신선한 생각들로 불 지펴주면
내 마음속을 찾아오는 것이 너무 좋다며
들락날락
수십 년 세월을 변함없이 찾아와
사랑을 알콩달콩 먹는 당신

당신은 나에게
평생 가장 소중하고 반가운 단골인데
나는 당신에게 있어서
가장 맛있는 사랑의 맛집

진국

세월이 지날수록
건더기는 빠지고 맹물만 남는지
세월의 무게가 자꾸 빠진다

"씹히는 게 있어야 먹지?"
나의 불만에
아내는 틀니를 빼서
맹물에 담가놓곤
히죽 웃는다

"그래, 그 웃음이 진국이야"
맹물이 진국이 될 수 있다는 사실을
새삼 깨닫는다

2만 원

수원문인협회 문학상 시상식과 송년회를 하는 날 회비 2만 원이 없어서 행사 준비만 도와주고 밥 먹을 자격이 없다며 돌아갔다는 어느 시인의 비애처럼 세상은 찬 눈이 내리고 꽝꽝 길이 얼었다 염화칼슘 뿌리면 길이 녹는다고 시청 구청 아파트 관리사무소에선 염화칼슘 뿌리기 바쁜데 사랑이 좀처럼 채워지지 않는 구세군 자선냄비 누구에겐 2만 원은 껌값이고 누구에겐 한 가정의 일용할 생명의 밥일 수 있는 2만 원이 행복과 불행의 경계가 될 수 있다니 녹는다는 것과 꽝꽝 언다는 경계의 극과 극에서 당신은 어디쯤에 머물고 계신 것인지 회비 2만 원이 없어 밥 먹을 자격이 없다며 돌아서는 그 시인의 비애처럼 꽝꽝 얼어버린 이 세상의 얼음장 밑으로 흐르고 있는 물소리를 들으며 부끄러운 손을 슬며시 내밀어 위선의 면피용 사랑의 자술서를 구세군 자선냄비에 넣었다

물컹해진 단감

이 세상 아무리 단맛으로 탱탱하던 호시절도
세월이 흘러 기세가 빠져나가니
물컹해지는구나

한 때는 연등을 밝히며 사랑의 밀어를 나누던
호시절이여

이젠 어미젖을 빨고 자라 출가한 자식들이
혹 이제나 올까 저제나 올까
문밖을 서성이는 노파의 바람 빠진 유방 같은

오래 놔둬 물컹해진 단감이여

장례식장에서

너를 떠나보내며
가슴에 무덤 하나 만든다

너와 함께 했던 추억의 세월들을
하나하나 무덤에 묻으며
너를 이제 내 가슴 깊은 곳에서
고이 잠들 수 있도록
눈물의 비석은 세우지 않기로
입술을 깨물며 이승에서의 마지막 작별을 고하고는
영겁으로 이승의 봉분을 덮는다

어머니 생전처럼

하염없이 내리는 눈처럼
한량없이 사랑만 주시는 어머니께
괜스레 짜증이라도 낼라치면
마다않고 폭설처럼 쏟아 부어주시던
어머니의 사랑처럼
온통 하얗게 덮어버린 세상이
겨울이면 어머니가 덮어주시던
하얀 목화솜 두툼하게 넣은 그 이불을 덮고
새근새근 깊은 꿈을 꾸고 있구나

마치 어머니 생전의 나처럼

서원

그대를 생각하면 할수록
그대의 평생이 저장되어 있는 캡슐 안에
탑승하고 싶다는 나의 간절한 서원은

백년 후나 천년 후쯤 아니면 더 나아가
억만년 후
그대의 평생이 저장되어 있는 캡슐 안에
저장되어 있는 것을 꺼낼 때

탑승할 때의 그때의 나의 사랑 그대로
그대를 생각하고 있었음이 전달되기를

그대의 평생이 저장되어 있는 그 캡슐이
나의 영원무궁한 캡슐이 되길
간절히 서원해본다

장맛

부부가 되면
발가벗은 육체는
서로 자주 볼 수 있겠지만
마음 발가벗은걸
서로 볼 수 있는 부부는
과연 몇이나 될까

실오라기 하나 걸치지 않은
발가벗은 마음을
나를 위해서라면
서슴없이 보여주는 당신이기에
난 그때마다 당신 마음에 들어가
마치 잘 익은 메주를 띄워
맑은 간장을 빚어내듯
우리가 함께할 시간을 잘 익혀
우리의 세월을 빚어내곤 하였지요

당신의 마음은 늘 불순물 하나 없는
맑은 물 같아서
우리가 함께할 세월을 담글 때마다

당신과 나는 궁합이 잘 맞는
잘 익은 장맛 같았지요

12시

그대여 함께 사는 동안
꼭 12시처럼
일치하길 바라진 마세요

그래 봐야 일치하는 건
1초도 되지 않잖아요

수많은 시간들을 제각각
어긋나게 살면서
이따금 만나거나 스치기도 하며
함께 시간을 공유하고 있잖아요

하루에 두 번씩
정오나 자정에
짧은 순간이나마 한 몸으로 일치하길
기다리며 사는 것도
스릴이 있잖아요

수많은 시간들을 제각각
어긋나게 살면서도

늘 숨 쉬는 소리를
서로 듣고 살잖아요

제주도에 간 아내에게

오늘 밤 제주도는 어떠신지요?

쉴 새 없이 밀려오는 파도가
당신에 대한 내 그리움이란 걸
당신은 아시는지요

밤새 잠결마다
당신에 대한 그리움이 파도처럼 밀려와
자는 둥 마는 둥
밤을 꼬박 새웠습니다

일출봉에 해 뜨거든
그동안 당신을 섭섭하게 했던 허물들
다 벗어던지고
가벼운 해맑은 미소로
당신을 맞이하기 위한
나의 순수한 사랑의 고백이란 걸
당신이 눈치챘으면 좋겠습니다

사실은 오늘 하루 동안 종일
제주도에 가 있는 내 마음을

혹시나 당신에게 짐이 될까 봐
겉으론 내 마음을 부치지 못했습니다

오늘 하루 내내
제주도 여행은 즐거우셨는지요?

화창한 날

이른 아침, 잠에서 깰 때
활짝 핀 꽃처럼 웃고 있는 아내의 미소가
비단결 같은 햇살인 걸 보면
오늘 하루도 행복이
활짝 핀 꽃처럼 만개할 것만 같은
예감 좋은 날

天緣의 사랑

내가 세상에 태어난
가장 큰 의미를 부여한다면
당신을 사랑할 시간을
가졌다는 것일 겁니다

당신을 무한정 사랑할 수 있으므로 인해서
행복하게 살 수 있었고
당신을 통해서 죽음까지도 초월할 수 있는 사랑을
가졌다는 사실일 겁니다

당신과 나는
사랑할 수뿐이 없는 天刑 속에서도
괴로움이 기쁨이 되는 天緣임을 알게 되었고
오로지 당신을 사랑하는 것만이
나에게 주어진 숙명적인 天罰임을
당신을 사랑함으로써
알게 되었다는 사실일 겁니다

별미

세월이 흐르니
탱탱하기만 하던 당신도
물렁해진 단감처럼
물렁물렁하네요

신혼 때는 사랑의 연등을 환히 밝혀
사랑의 단맛이 달콤한 밀어처럼 스며들어
사랑의 식감이 탱탱하기 그지없었는데
이젠 몸 한구석 안 아픈 데가 없어서인지
탱탱하기만 하던 당신이
물렁해진 단감처럼
물렁물렁해졌네요

한창때는 탱탱하여
세월 가는 줄 몰랐는데
세월이 녹아들 대로 녹아들어서인지
물렁해진 당신의 사랑의 맛이
별미 중의 별미네요

2부

우체통

비가 오나 눈이 오나
한결같이 길가에 서서
우체통은 왜 늘 빨갛게
상기되어 있는 것일까

길가에 서 있는
빨간 우체통을 보면
누굴 애절하게 기다리고 있는 것인지
지나가는 사람들은
누구 하나 눈길 한 번 주지 않는데

밤을 꼬박 새우며
썼다간 찢어버리고 또다시 쓰기를 수없이 반복했던
사춘기의 첫사랑 고백 같은
빨갛게 상기되어 있는 우체통을 보면
그동안 잊고 살았던 그 시절이
아련아련 그리워져

밤을 지새우며
어디로 보내야 할지 모를

주소 불명의 편지를

썼다간 찢어버리고 또다시 써본다

사랑을 하는 것이

사랑을 하는 것이
사랑을 하지 않는 것보다 나으니라

사랑을 해도 외롭고
사랑을 하지 않아도 외롭다면
사랑을 하는 것이
사랑을 하지 않는 것보다 나으니라

사랑을 해서 외로운 것은
절망하기에 외로운 것이고
사랑을 하지 않아서 외로운 것은
절망을 할 수 없어 외로운 것이기에
사랑을 하는 것이
사랑을 하지 않는 것보다 나으니라

절망 없는 사랑을
어찌 사랑을 해보았다 할 수 있으며
절망 없는 사랑의 외로움을
어찌 사랑을 안다 할 수 있으리오

사랑을 해도 외롭고

사랑을 하지 않아도 외롭다면
그대여 사랑을 하는 것이
사랑을 하지 않는 것보다 나으니라

한 별

해돋이는 한 별이 소망으로 솟아오른 별이려니
한 별이여
이 세상 불멸할 때까지
늘 해돋이로
미혹의 어둠 살라 먹고
눈부신 희망의 빛살로
붕새처럼 날아 솟아올라라

우리가 사는 세상

아무리 비바람이 몰아쳐도
때가 되면 꽃이 피고
오곡백과 익어가니
이만하면 우리가 사는 세상
사랑할 만하지 않느냐

사랑하는 사람아
우리의 사랑 또한 그러하려니
때가 되면 우리의 사랑의 꽃도 활짝 피고
우리의 사랑의 열매 또한
영글게 익어 가리니
이만하면 우리가 사는 세상
여한 없이 사랑하다 죽는다 한들
후회 없지 않겠느냐

선택

내 인생이 다른 사람에 비해
시궁창 같다 하지만
아침, 해 뜨는 시각에 떠오르는
눈부신 태양을 볼 수 있는 것은
누구에게나 공평하다

내 삶이 다른 사람에 비해
슬프기 짝이 없다 하지만
어둔 밤을 환히 밝혀주는
보름달을 볼 수 있는 것은
누구에게나 평등하다

눈부신 해돋이를 보며
희망을 소망하는 것도
오로지 자신이 선택할 몫이요
어둔 밤을 환히 밝혀주는 보름달을 보며
소원을 소망하는 것도
오로지 본인이 선택할 몫이다

충치를 빼며

살아가면서 독이빨이 되더니
독이 퍼질 대로 퍼졌는지
뽑아 버려야 할 이빨들이 늘어만 가
충성을 맹세하던 예하대원들조차
슬슬 반기를 들기 시작하는데

바람은 지나가며
왜 자꾸만 헛구역질을 하는지
이것 저것 통풍으로
시달림에 안절부절못하는 자존심

그동안 남이 받을 상처는 조금도 생각지 않고
기고만장하여 독설만 퍼붓더니
천둥 치고 벼락치고 눈보라 치는 듯한
치통의 세월은 어쩔 수 없는지
하나도 남김없이 뽑아달라고
독설의 세월들이 애원하고 있구나

새벽

어둠을 헹궈
죄 사함을 받으면
파릇파릇한 풀잎을 구르는
이슬 같은 생수로
말끔히 씻긴 새벽이
수련 꽃으로 피어나는데

세상을 안수하듯
온 누리를 신선하게 비추고 있는
해돋이의 햇살 같은 성령

나비와 꽃들

꽃들이 살랑살랑
바람 같은 자장가를 불러주는

꽃밭에서 꿀잠을 자고 있는
나비들을 보면

잠자는 중에도 무의식적으로
사랑을 주고받는지
천생연분처럼 한 몸이 되는
나비와 꽃들

늙어간다는 것은

늙어간다는 것은
세월의 결실을 맺는 일이다

늙어간다는 것은
인생의 열매를 맺는 일이다

늙어간다는 것은
사랑이 잘 익도록 목숨을 다할 일이다

늙어간다는 것은
마음을 비워 영혼이 자유로워질 일이다

늙어간다는 것은
세상에서 얻은 소유를 세상에 되돌려줄 일이다

꽃샘바람

꽃샘바람이 아무리 춥다 해도
곧 꽃이 핀다는 걸 전해주는 바람이니
얼마나 좋은 바람이냐

세상을 살아가며 종종 앓는 몸살도
인생의 꽃을 피운다는 전조일지니
얼마나 좋은 시련의 바람이냐

시련의 바람아 불어라
몸살을 앓고 나면
인생의 꽃 향기로이 필지니

꽃샘바람아 불어라
꽃 천지 세상에서
향기로이 사랑할지니

봄소식

3월이 오면
겨우내 닫혀 있던
가슴이 활짝 열린다

그동안 두꺼운 외투로 가려졌던
가슴의 창이 활짝 열린다

마음 밭에선 미나리 봄기운 솟듯
아지랑이 피어오르는데

그동안 두문불출하던 봄소식을
세상에 띄우면

답장이 새순을 틔워
산수유 꽃이 피고 있다

흐린 날

세상이 우울증에 걸렸는지
금세 눈물을 펑펑 쏟을 것만 같다

세상을 활기차게 돌던 실핏줄들은
움직임을 멈춘 듯
세상은 온통 회색빛인데

푸르렀던 하늘의 막힌 혈관을 뚫으려는지
쉴 새 없이 우레 치면

그동안 참고 참았던 슬픔이
북받친 듯
세상은 마냥 목놓아 울었다

황태처럼

돌이켜보면 내 삶도 황태처럼
매서운 칼바람과 한파와
따뜻한 햇살에
냉탕 온탕 드나들기를
수없이 반복한 인생인데

용대리 덕장의 황태처럼
세상 어딜 내놔도 부끄럽지 않은
세상 살맛 잃은 사람들에게
입맛 돋워주는
쓰린 속을 시원하게 풀어주는
깊은 맛이 우러나는 그런 인생이 될 수는 없는 것일까

종착역

종착역이 다가오는데
함께 탑승했던 사람들이
한 사람도 보이지 않고
오로지 아내만 곁에 남아있는 걸 보면
오는 중에 하나둘
슬그머니 다 내려 버렸나 보다

탑승할 땐
목적지까지 함께 가자 표를 끊더니
중간 중간에 명승지가 보였는지
이율배반하고
슬그머니 다 내려 버렸나 보다

결국 아내만 곁에 남아 있는 걸 보면
종착역까지 동행할 수 있는 사람은
오로지 아내뿐이고
아내가 나의 운명이란 걸
절실히 알게 되었다

새 희망

추운 한겨울이 되어서야
새해가 오듯
인생도 역경의 한가운데일 때
새로운 희망이 솟아나는 것은 아닌지

새해 아침
새 소망으로 떠오르는 해돋이같이
역경의 한가운데서
해돋이처럼 떠오르는
새 희망이여

생각

한 번 더 생각해보자 생각하고

또 한 번 더 생각해보자 생각하고

다시 한 번 또 생각해보자 생각했더니

네가 점차 이해되었고

네가 점점 용서되었고

너를 사랑으로 품게 되었다

사막

이 험한 세상을 지나가려면
낙타가 있어야겠다

가도 가도 끝없는 메마른 사막

황량한 마음들이 끝없이 펼쳐져
목이 마르다

3부

노을〈11〉

어둔 밤을 밝힐
사리 몇 개 내어 주려고
온몸의 피를 다 흘려가며
다비하고 있느냐

노을〈12〉

골고다의 언덕에서
죄를 대신 짊어지고 가니
예수가 흘렸던 피가
죄 사함을 받듯
아름답게 타오르고 있구나

노을〈13〉

하루를 뜨겁게 달궜던 태양도
하루를 내려놓을 때가
가장 아름답구나

노을〈14〉

어머님이 안녕을 고하니
피눈물 나는 사랑

서녘 하늘에 부음을 계시하고
영면하시는구나

노을〈15〉

그가 죽었다는 부고장이 날아왔다
그 날 서녘 하늘엔
계시 같은 붉은 꽃잎 만장이 휘날렸다

살아생전 착한 일을 많이 했음으로
꽃상여가 지나가는 노을 꽃밭 길이
환상처럼 황홀하게 타올랐다

노을〈16〉

詩여
노을처럼 황혼의 아름다운 내면의 노래로

어둠이 오기 전
시공을 초월하여
찰나의 경계를 뛰어넘자꾸나

노을〈17〉

황혼이 에밀레종을 울린다

서녘 하늘 번지는 붉은 꽃 울음

노을〈18〉

서녘 하늘이
곱디곱게 봉숭아 꽃물들이면

그 밑의 바다도
빛깔 곱게 봉숭아 꽃물들이고는

서녘 하늘에 펼쳐졌던 봉숭아 연서
산 너머로 거둬들이면

바다에 펼쳐졌던 봉숭아 연서는
수평선 너머로 거둬들이고 있네

노을〈19〉

하루가 저무는 징조가
찰나처럼 아름다워라

사람도 저무는 징조가
저 낙조처럼 아름다웠으면…

노을〈20〉

초파일도 아닌데
누가 저렇게 큰 등을
서녘 하늘에 달아놓았나

저무는 하루가
열반에 이르는
행복이구나

노을〈21〉

곱디고운 누이의 미소같이 번지는
저녁놀 하도 고와서
누이를 숨결처럼 부르는 순정을
서녘 하늘에 펼쳐놓고는
산 너머 수평선 너머로
낙조 지듯 순교하는 사랑이여

어둠 속에서

어둠은
어둠 속에서 잘 보인다

광명한 그 빛도
어둠 속에서 잘 보인다

오! 하나님

생명의 말씀이
어둠 속에서 빛을 발하듯

어둠은
어둠 속에서 잘 보인다

공원〈1〉

공원은 새들의 쉼터다
그러므로 공원에 오는 사람들은
새가 되어야 한다

공원〈2〉

공원은 푸른 나무들의 안식처이다
그러므로 공원에 오는 사람들은
푸른 나무가 되어야 한다

비

천마天馬들이 낙마하며 흘리는
저 비애를 보라

마냥 하늘 높은 줄 모르고 살다가
천둥 치듯 벼락 치듯
땅에 곤두박질치고서야
혼비백산하여 검은 구름의 비장을 쥐어짜듯
하늘로 오르지 못한 능구렁이가 되어 흘러가는

저 천마天馬들의 비애를 보라

달무리

어떠한 일이 있어도
이 세상 종말까지
한결같은 사랑으로
지구의 마음을 환하게 비춰주겠노라는
언약식을 하고 있는지

언약의 띠를 두르고 있는
보름달

해돋이

희망으로 기지개를 활짝 켜는
사나이의 파안대소 같은 햇살이
온 누리를 새 소망으로
세례하고 있구나

4부

경찰 시인 이상률

가슴이 후련하도록 상쾌한 바람이 불거나
청량한 새벽, 이슬 맺힌 청초한 풀잎을 볼 때면
종종 떠오르는 얼굴 중
부부시인인 그를 만난다

늘 시를 사랑하는 마음으로
결단해야 할 때
새로운 발상 전환과 예리한 통찰력으로
현실을 진단하는 그이기에
경찰대학을 졸업한 지 30여 년이 되었는데도
청년 경찰 그 모습 그대로의
정의롭고 순수한 그를 보면
제일 먼저 정의가 강물처럼 흐르게 하리라는 말이
떠오른다

경찰 시인 정재일

경찰대학교 2학년 때
풀피리 부는 청평 가는 기차를 타고 가더니
오십이 넘은 지금도
그 기차를 타고 가며
초록 풀피리를 불고 있는 그를 보면
지금까지 그와 함께 동승하며 살아온 세월들이
가슴 찡하도록 뭉클해진다

그동안 동승했던 승객들은
흐르는 세월 따라 하나둘 하차하고
이제 남은 승객은
두, 세 명에 불과하지만

세월의 간이역을 지날 때마다
그가 변함없이 풀피리 기적을 힘차게 울릴 때면
그의 인생 열차를 예매하기 위해
세월이 줄 서고 있다

계급사회

밤하늘의 수도 없이 많은 별들을
1등급, 2등급, 3등급, 4등급 등등으로 나누듯
세상 사람들도
계급에 매달려 사생 결단하는지
갈수록 세상은 각박해지는데

별동별 떨어지듯
어느 날 예고도 없이
계급 완장 다 떨어지면
그때는 망각의 뒤안길에서 無名처럼
한낱 바람에 날리는
쓸쓸하기 그지없는 낙엽 같을 텐데

별보다 사람의 마음이
더 보석처럼 빛날 수 있다는 것을
모르고 사네

시간의 짐

한 해가 막차를 타고
목적지 종점에 가까이 갈수록
혹시 버려야 할 짐이 없나
살펴보게 되는데

몸만 수증기처럼 사뿐히 내릴 수만 있다면
더할 나위 없이 좋으련만
버려야 할 것을 버리지 못하여
변비처럼 막혀버린 시간들이
쉴 새 없이 썩은 방귀만 뀌고 있는 막차 안

늙어간다는 것은
소유하고 있던 시간의 짐을 내려놓을 때
공기처럼 가벼워지는 법인데
막차에서 막상 내리려고 하니
아직도 버리지 못한 미련이 많은지
시간의 짐이 소화불량인 한 해

그 이름

차마 말하지 못하고
그 이름만 가슴에 새겨 넣겠습니다

세월이 한참이나 흐른 후에도
문득문득 그 이름이 생각나면
가슴 깊은 곳에서
옹달샘처럼 고여 있는 그 이름을
설렘처럼 꺼내어
사금 같은 햇살의 시스루를 걸치고
허밍 코러스로 흐르고 있는 실개천이 되어
억만 겁의 세월을 쉬지 않고 그 이름을 노래 부르는
그 이름을 가슴에 새겨 넣겠습니다

복된 시간

낮 동안의 시간의 옷을 벗어버리면
단꿈을 꿀 수 있을 것 같아
잠을 자는 동안만큼은
시간의 태엽을 풀어버리고
무의식의 세계로 여행을 떠나면
세상을 살면서
시간을 망각하고 사는
가장 복된 시간

詩 한 편

오늘은 올겨울 들어 가장 추운
영하 18도라고 하지만
마음에 드는 시 하나 건졌으니
하나도 춥질 않다

겨울 날씨치곤
아주 따뜻한 영상 9도라고 할 때도
시 한 편 못 건진 날은
가슴이 휑휑하게 시리고

따뜻한 난로 앞에 앉아있어도
찬바람에 마른 가지 부딪치는 소리만이
종일 가슴을 떠나질 않는다

숙명

먹고 살기 위하여 발버둥 치는 것처럼
한 번쯤은 누군가를 사랑하지 않고는
살 수 없는 운명이라면
죽음도 마다않고 사랑해야 하지 않겠느냐

체감온도 영하 20도에 가까운 이른 새벽부터
종이박스를 줍는
노파의 꽁꽁 언 손에 달린
생계와 같은
그런 사랑을 해야만 하는 숙명이라면

독배를 드는 심정으로
그런 사랑에 목매는 것도
이미 내 목숨이 내 목숨 아니지 않겠느냐

극한의 체념 속에서도 끝내 체념할 수 없는
그런 사랑을 해보지 않고는
결코 이 세상을 살았다 할 수 없지 않겠느냐

연

푸른 하늘을 훨훨 날고 싶은 내 꿈은
곧잘 세상의 전깃줄에 걸렸었지

그때마다 백주대낮 거리에서 발가벗겨진 내 꿈은
혼비백산하여
공포의 전율에 떨곤 하였지

아등바등 몸부림치는 나를
세상은 외면하고
보란 듯이 뽐내며
푸른 하늘을 훨훨 잘도 나는 꿈들에게만
부러운 시선과 갈채를 보냈었지

세상으로부터 고아가 된 나의 꿈은
온갖 세파에 시달리며
사지가 찢길 대로 찢겨나가
땅에 뒹굴곤 하였지만
그때마다 푸른 하늘을 훨훨 날고 싶은 내 꿈을
난 절대 포기할 수 없었지

푸른 하늘을 자유자재로 날고 있는 연처럼
언젠가는 푸른 하늘을 훨훨 날고 있을 내 꿈을
늘 상상하였었지

퇴직

"여보"
나이가 차서
다니던 직장은 퇴직했지만
인생 퇴직만큼은
서두르지 마세요

아직 인생 꽃이 만발하려면
어림짐작 몇십 년은 남았으니까요

곁가지 두 가지를 뻗어
살림을 내어주고
정작 우리의 인생 꽃대에는
아직 꽃을 활짝 피우지 못했잖아요

"여보"
우리 사랑이 만개하려
이제 길을 제대로 찾아가나 봐요

사랑의 물오름이
샘물 솟듯 솟고 있네요

빨간 우체통

언제나 빨갛게 상기되어
거리에 서 있는 빨간 우체통을 보면
고백 한 번 발송 못 하고
연정만 품고 살아온
아날로그 시절의 순정이
고향처럼 아련히 그리워지네

위안부 소녀상

한창 꿈에 부풀던
앳된 소녀들이 흘리던
절규 같던 그 피눈물을 너희는 아느냐

소녀에서 임종이 가까운 할머니가 되기까지
마를 날 없이 흘리던 그 피눈물을
저승에 가서까지도
흘려야만 하는 그 비애를
정말로 너희는 알고 있느냐

차마 눈을 감지 못하고
역사가 눈 부릅뜨고 정의롭게 떨쳐 일어나도록
목숨 바쳐 피눈물로 간증하고 또 증언하나니
짐승만도 못한 일본 놈들이 무참히 유린하고 짓밟은
꽃다운 한국 소녀들의 자존을 결단코 잊지 말라

수십 년의 세월이 흘러 할머니가 되고
또 세상을 떠나간다 할지라도
용서받지 못한 恨은
언제나 그때의 소녀가 되어
마를 날 없는 피눈물을 흘리고 있나니

천인공노할 일본 놈들이
진심으로 사죄할 때까지
만천하에 간증하고 증언하리라

지나간 시간들에 대하여

그리운 이여
지나간 시간들은 그대로 인해
행복하고 괴로웠던 사랑의 시간이었나니

지나간 시간들을 하나하나 인화하다 보면
괴로웠던 아픔의 시간들이
오히려 절절한 사랑으로 가슴에 맺혀오는구나

극한까지도 갈 수 있었던
지난날의 절대 절명의 사랑이여

아직도 내 가슴에 생생히 살아 숨 쉬고 있어
그리운 이여
그대는 지금도 내 목숨 같은 사랑이어라

해방

30년간 다니던 삼성전자에서
권고사직 당했으면서도
사직당한 게 아니라
그만 다니고 싶어 그만두었다는 그를 보면

마치 민둥산이
수목이 울창하게 우거진 산림 같다는
생각이 드는 것은

이제부터 자기만의 색깔대로
주어진 노동의 시간을 성실히 땀 흘리며
자신의 인생의 모든 것을 걸겠다는
그의 여유스런 웃음 때문일 수도 있을 테지만

일탈로부터 해방된 그의 삶의 여백이
마치 푸른 하늘을 유유히 흘러가는
흰 구름 같기 때문일 것이다

폭염특보

맨드라미 꽃 입술이
불꽃처럼 타오르듯
그녀를 사모하는 열망이
뜨겁게 달아올라
칸나 꽃술 같은 빨간 심장을 드러내야 할지
그녀에게 애간장만 태우다가
폭염에 쓰러지듯
끝내 상사병으로 혼절하네요

말 빨

당신은 금이빨인가요?
아닌가요?

당신의 말씀은 금이빨이라며
귀 기울여 들으라 하지만
당신의 말씀을 듣다 보면
썩은 이빨 냄새가 나니
웬일일까요?

하긴 거리 곳곳
금이빨 최고가 매입이라는 글귀가
널려있는 걸 보면
이해가 되긴 좀 되네요

당신이 왜 그토록 금이빨을 내세우는지
금이빨 아닌 사람
세상 어디 말 빨 세울 데가
한 군데라도 있어야지요

사랑을 하려거든

사랑을 하려거든 사랑하지 말라

사랑하지 않으면
누군가 그리워지려니

그때 사랑하라

물에 물 탄 듯 그런 사랑 말고
죽어도 좋다고 외로워지면

그때 사랑하라

사랑을 하려거든 사랑을 위해 죽지 말라

이 세상 끝까지 살아남아
사랑할 수 있을 때

그때 사랑하라

절망할 때도 사랑하고
멸망할 때도 사랑하라

5부

김치찌개를 끓이며

당신과 함께 살아온 세월을
잘 숙성시킨 사랑으로
김치찌개를 끓이며
그동안 살아온 세월들을 뒤돌아보니

신혼 시절엔 날김치 같은 사랑으로
김치찌개를 끓여도
없어서 못 먹을 정도로 꿀맛이었는데
신혼이 끝나고 입맛이 변하였는지
너무 익어 물러 터졌느니
아주 안 익어 날탱이 같다느니
티격태격 타령하기에 바빴던
김치찌개 같았던 사랑을

이젠 당신의 마음과 내 마음을 속속들이 버무려
잘 숙성시킨 세월로 김치찌개를 끓이면
당신의 사랑과 내 사랑이 만난 김치찌개의 맛은
그야말로 천상의 찰떡궁합이지요

절실한 날의 회상

절실하여
녹음이 우거졌다

절실하여
폭포가 쏟아졌다

절실하여
하늘이 실성했는지
햇볕 쨍쨍한 날에
소나기가 쏟아진다

마치 속은 뒤집히는데도
겉으론 활짝 웃는 것처럼

녹음으로 우거졌던
내 마음의 잎들이 떨어지며
절실하게 이별처럼 날아가고 있다

정상

올라갈 땐 죽을 지경이었는데
미끄러질 땐 순식간이네

아무리 오르려 해도
오르지 못한 하늘을
땅으로 미끄러져서야
하늘로 오르네

결박된 시간

삼복중에 아침부터 청소용역 업체에서
아파트 바깥 유리창을 닦는다 하여
외출할 채비를 해보지만
딱히 나갈 데가 없어 도로 주저앉는다

창문을 활짝 열어젖히고 살다가
창문을 다 닫아야 하니
내 마음이 꼭 결박당한 것만 같은데
온종일 폭염특보 속에 갇혀있다 보니
마치 가마솥에 의식을 펄펄 끓인
삶은 수육이 된 것만 같다

유리창 바깥 면은 맑은 유리창이 됐을는지 모르지만
내 마음은 뿜어 나오는 열기로 인하여
점점 뿌옇게 멍해져만 가는데
차라리 결박될 바에야
그대 마음속에서 결박되면 좋으련만
결박을 풀어줄 시간을 찜질하다 보니
형벌을 받듯 하루가 지나가고 있었다

금이빨

거리 곳곳에 최고의 시세로
금이빨을 매입하겠다는 글 문이 나붙은 걸 보면
금이빨이 최고의 상종가인가 보다

뜻밖의 종목이 상종가를 치면
경악을 넘어 소름이 돋는지
등골이 오싹한데
세상이 금이빨을 뽑으러 다니는
집게로만 보이는 것이
그 글 문을 볼 때마다
영안실이 생각나는 이윤 웬일일까

최후의 비상금을 입 안에 넣고 다니고 있으니
살아서나 죽어서나
입을 함부로 열지 않는 것이
상책인 것 같다

달빛을 이불 삼아

달빛을 이불 삼아 잠이 들면
낮 동안 어두웠던 마음이 보름달이 되어
밤새도록 마음 아픈 사람들을 찾아다니며
환한 달빛을 나눠주면
그날 밤 반짝반짝 빛나는 별처럼
꿈은 길몽이 되어
풋풋한 풀내음 이슬 영롱한
새 아침을 맞는다

임 생각

별처럼 반짝반짝 반짝이다가
태양처럼 활활 끓어오르곤
명왕성처럼 아득 아득하다가
밤하늘의 그믐달처럼 그믐 그믐 외로워지는
그런 사랑이
평생 내 마음을 떠나지 않네

그 임만 생각하면

한가위 날

한가위 날
우리 집 거실에도 보름달이 떴습니다

거실에 누워
생후 10개월 된 손녀 '한별'이가
방긋방긋 함빡 웃자

달빛 같은 미소가
식구들의 입가에
은은히 번지는 것이었습니다

—부디 밝고 건강하게 자라다오
'한별'이를 바라보며
소원 하나 빌었습니다

飛翔

하늘을 자유로이 날기 위해선
연을 날리는 것처럼
잡아당겨야 할 땐 잡아당기고
풀어주어야 할 땐 풀어주자

꿈을 가득
마음의 얼레에 칭칭 감아

당신은 염소?

염소처럼 거실을 왔다 갔다 한다

마치 거실이 푸른 풀밭이기라도 한 듯

당신은 염소?

아니다

고기를 못 먹어 환장하는
육식 조급증 환자이면서도
푸른 초원을 꿈꾸는
몽매 환자인 양
시력은 온통 푸른 풀밭이다

낭만시를 푸른 초원에 풀어놓고선
염소인 양 시를 뜯어먹는 척
거실을 왔다 갔다 하는데

거실에선 이따금
돼지 목 따는 비명 소리가 들린다

뜨개질을 하고 있는 여자

커피숍 한편에서
한 여자가 시간을 뜨개질하고 있다

한 코 한 코 뜰 때마다
시간이 흐를수록
사랑이 실개천처럼 흐르는데

그 스웨터를 입는 순간
따뜻한 봄 햇살 같은 사랑이
아무리 혹독한 겨울이라 할지라도
포근히 감싸주리라

보름달 눈빛

보름달이 내 눈이었으면 좋겠다

밝은 대낮을 비춰주는 게 아니라
어둔 세상을 비춰주는 보름달이
내 눈이었으면 좋겠다

어디선가 남모르게 흘리고 있는
눈물들을 닦아주듯이
은은하게 마음을 다독여주는
보름달 같은 그런 내 눈빛이었으면
좋겠다

하루일과

한밤중 청소차가 어둠을 청소하듯
어둠이 어둠의 비늘을 털기 시작하면
무도회의 밤도 서서히 끝나 가는지
어젯밤을 뜨겁게 달궜던
가십 같았던 초콜릿 사랑이나
쓰디쓴 사약 같은 이별들이
청소차에 실려 가는데

우편함에 꽂혀있는 청첩장이나 부고장을 보며
정오 12시엔 예식장을 가고
저녁 7시엔 영안실에 가야 하는
세상이 사는 바쁜 일과처럼
이른 새벽부터
경조 화환 만들기에 눈코 뜰 새 없는 화원들

극치

꽃나무가 꽃을 피우는 순간이
극치의 아름다움이듯

산모가 아기를 낳는 순간은
행복의 극치의 절정을 이뤄

극치는 천사가 되고
극치는 창조가 되네

풀잎

소낙비에 온몸을 두들겨 맞아도
젖으면 젖을수록 더욱 푸른 기개로
가슴을 활짝 펴고는

메마른 땅마다 풀씨를 날려
푸른 소망 움트게 하는 풀잎

속 깊은 울음 삭이고 삭여
풀잎마다 구르는
사리 같은 이슬

따뜻한 난로

추운 겨울날
아내 곁에 있으면
따뜻한 난로를 쬐는 것처럼
아내의 사랑은 따뜻하다

식었던 마음을 훈훈하게 덥혀주어
사랑의 아지랑이가 몽실몽실 피어오른다

창밖에 함박눈 내리듯
아내의 따스한 숨결이
내 마음에 사뿐사뿐 내린다

해부

예리한 칼날에 해부되면 해부될수록
더욱 싱싱하고 감칠 맛 나는 회를 먹으며
그대를 바라보니

세상에 나가
속속들이 해부되어 집으로 돌아올 때마다
나를 맞이하는 그댄
그때마다 어떤 느낌이었을지

사랑하는 그대여
세상이 아무리 나를 힘들게 하여도
나도 저 생선들처럼
해부되면 해부될수록
그대에게 더욱 식감 좋은 사랑 될지니

이 세상사는 동안 내내
언제나 그대의 입맛을 돋워주는
그대의 영원한 사랑의 별미될지어니

배웅

이만큼 살았으면
이제 세월의 고삐를 슬슬 풀어줘야겠지요

꽝꽝 얼었던 강물이 슬슬 녹아
살며시 흐르듯이
이제 생각도 강물 흐르듯
흘러가야겠지요

그립고 정다웠던 세월을 배웅하듯이
이제 마음도 강물 흐르듯
흘러가야겠지요

나는 왜 문학을 하는가

박효석 회장은 시사문단과 인연이 15년 되었으며, 시사문단의 발전과 지킴으로 결호 없이 출간에 정신적인 지주 역할을 하신 분이 박효석 선생이다. 2010년부터 현재 시사문단 회장이시며, 최근 시집 18시집을 출간하여 우리나라 전체의 귀감이 되는 원로 문인이며 최근 등단 차 40주년 기념 시집을 출간하시고 계시다.

최근 2017년 1월 박효석 선생의 문학과 인생 특강촬영 모습으로 시사문단 홈페이지와 밴드에 영상이 있다.

현재 선생은 작품 쓰기에도 여력이 없을 만큼 건강이 좋지 않으시다. 그러나 늘 우리 시사문단의 살아있는 시사문단인이며 이끌어 오신 정신적 지주이시다. 개인적으로 수많은 원로 작가들을 뵈었지만 문학으로 정치하지 않으시고 시로서 장사해본 적이 없다는 그분이 박효석 선생인데 박효석 선생이 왜 문학을 할 수뿐이 없는지 예전에 말씀하셨던 것을 발췌해 옮겨 본다.

6·25사변으로 우리나라 나이로 4살 때 난 천애 고아가 되었다. 아버지는 피난길에 폭격으로 돌아가시고 어머니는 피난에 지쳐 병사하셨다.

그때부터 난 중학교를 졸업할 때까지 수원에 있는 중앙정화원이라는 고아원에서 성장하였는데 늘 배고픔에 지쳐 먹는 일에 관심을 집중하며 살았던 것 같다.

문학을 특별히 접할 수 있는 기회가 없었음에도 초등학교 3학년 때는 전국어린이 글짓기 응모대회에서 어머니라는 주제로 최우수상(대상)을 받았고, 그 후 중학교 때 심심치 않게 상을 받았지만 딱히 문학의 세계를 동경하고 장래의 꿈으로 생각한 적은 없었다.

고아원에서 나와 서울에 있는 고등학교에 진학하게 되었는데 그렇게 된 이유에는 그 고등학교에서 장학생을 많이 선발하였을 뿐만 아니라 서울에 있는 고등학교에 다녀야만 성공할 수 있을 것 같았기 때문이었다.

아무 연고도 없는 서울에서 그때부터 나의 고된 삶은 시작되었고, 마음의 위로를 갖지 못하던 차 우연히 교내 백일장에 참여하여 최고의 상을 받은 이후부터 학교를 대표하는 학생이 되었고 그 후 각 대학교에서 주최하는 전국고등학생 백일장에 학교 대표로 참가하여 상을 받음으로써 내 마음에 문학이 자리 잡기 시작하였는데, 아마 그때부터 문학에 대한 열망으로 몸살을 앓기 시작했던 것 같다.

그러나 현실은 너무 가난하여 사는 것이 감당할 수 없을 정도로 버겁게 느껴져 생을 포기하는 자살을 두 번에 걸쳐 시도하게 되었는데 그때부터 사는 것이 무엇인지 죽음에 대해 깊숙이 발을 담그며 문학과 혼연일체가 되어 갔던 것 같다.

문학은 그 후로 나의 종교가 되었다. 굶기를 밥 먹듯 하면서도 문학은 나의 삶의 지주가 되었다. 육체적으론 밥은 못 먹었으면서도 정신적으론 시가 밥이 되었기 때문이다. 짐승만도 못한 굶주림 속에서도 나를 지탱할 수 있었던 것은 나에겐 시가 나의 생명이요, 정신이었기 때문이다.

1968년부터 1972년까지 1년에 한 번씩 가졌던 5회의 개인 시화전과 동인 결성을 통한 동인지에 작품 활동을 할 수 있었던 것도 문학에 대한 나의 열정을 주위 분들이 받아주고 도움을 줬기 때문인데 돌이켜보면 문학에 대한 순수성이 그때 이루어지지 않았나 생각된다. 또한 나의 문학의 순수성을 사랑해준 그 당시의 서울농대 문학 동호회의 학생들과의 교류도 나에겐 큰 힘이 되었던 것이다.

작품이 검열에 걸려 학생들을 포섭하는 간첩 총책에 걸려 중앙정보부에 끌려가 권총을 머리에 들이대고 심문받던 그 시절이 때로는 그리워지기도 하는 것은 어쩌면 그 시절이 가장 순수했기 때문이 아닌가 하는 생각이 든다.

나는 지금까지 여러 곳에서 수많은 제자를 양성했다. 국립경찰대학교에서 30년간 학생들을 가르치며 수많은 시인을 비롯하여 소설가를 배출하였으며 수원여자대학교에선 5년간 학생들을 지도하였고, 또한 삼성전자에선 20년간 사원들을 지도하며 많은 시인과 수필가를 배출하였다. 또한 백화점 문화센터에서 주부들을 대상으로 문학 강의와 창작 지도를 하였고 목회자와 스님 등 전문 종사자들에게도 문학의 길을 걷게 하였다. 이렇게 할 수 있었던 것은 오로지 문학을 사랑하는 열정 때문이었을 것이다.

내가 왜 문학을 하는가는 내가 왜 시를 쓰는가가 더 접근성이 있을 것 같아 내가 왜 시를 쓰는지 살펴보려 한다. 전자에서도 말했듯이 난 4살 때 6·25전쟁으로 부모님을 잃었기에 부모님에 대한 기억이 전무한데도 나의 작품 속에는 어머니에 대한 시와 어머니라는 단어가 많이 들어가 있는데 나에게도 어머니가 있었던가 생각이 들 정도인데도 어머니에 대한 시를 쓸 수 있었던 것은 작품을 통하여 어머니의 호흡을 느끼고 만날 수 있었기 때문이 아닌가 생각된다. 현실에선 만날 수 없지만 작품 속에선 얼마든지 만날 수 있어 시인이 되길 잘했다는 생각이 천만번도 더 든다.

요즘 어느 종교 집단에서 어머니라는 주제로 6년 넘게 전국을 순회하며 시인 김용택, 시인 도종환, 시인 허형만, 시인 문병란, 시인 김초혜와 함께 나의 시도 함께 전시되고 있는데 지금까지 너무나 많은 사랑을 받고 있는 그 시를 음미함으로써 어머니에 대한 시를 쓸 수 있었던 이유를 접근해보고자 한다.

오래된 사과

사과가 오래되니
어머니의 얼굴

손등과 같이 쭈글쭈글
주름이 졌다

검은 버섯이 생기기도 하고
군데군데 짓무른 것이 꼭 어머니와 같다

짓무른 곳을 도려내며
남아있는 살을 먹다가
마치 어머니의
남은 生을 먹고 있는 것은 아닌지

먹고 있던 사과를
그만 놓아 버렸다

어머니의 미소 같이
그래도 입안에 남아 있는
오래된 사과의 향기는
그윽했다

현실에선 존재하지 않지만 시 속에선 얼마든지 존재할 수 있기에 시에 빠져들고 시를 쓰는지도 모른다.

지금까지 오로지 한눈팔지 않고 시의 외길을 걸어올 수 있었던 것도 시는 나의 종교이며, 삶이고 나의 생명이기 때문이다. 시를 통하여 죽었던 것들이 부활하고 참 생명을 얻는 것이야말로 시를 쓰는 가장 큰 모티브가 될 것이다.

난 지금까지 컴퓨터를 껐다 켰다 해본 적이 한 번도 없다. 난 컴퓨터 속엔 없지만 외적인 것에 자신을 드러내지 않고 묵묵히 문학의 길을 걷는 사람을 만나면 술 한 잔 나누고 싶다.

취재 _ 월간 시사문단 발행인 손근호

그림과책 시선 160

우체통은 왜 늘 빨갛게 상기되어 있을까

초판 1쇄 발행일 _ 2017년 4월 25일

지은이 _ 박효석
펴낸이 _ 손근호

펴낸곳 _ 도서출판 그림과책
출판등록 2003년 5월 12일 제300-2003-87호

110-814 서울 종로구 통일로 272, 210호(무악동, 송암빌딩)
[무악동 63-4 도서출판 그림과책]
전화 (02)720-9875, 2987 _ 팩스 (02)720-4389
도서출판 그림과책 homepage _ www.sisamundan.co.kr
후원 _ 월간 시사문단(www.sisamundan.co.kr)
E-mail _ munhak@sisamundan.co.kr

ISBN 978-89-94753-58-4(03810)

값 12,000원

이 도서의 국립중앙도서관 출판예정도서목록(CIP)은 서지정보유통지원시스템 홈페이지(http://seoji.nl.go.kr)와 국가자료공동목록시스템(http://www.nl.go.kr/kolisnet)에서 이용하실 수 있습니다.(CIP제어번호: CIP2017009142)